BEI GRIN MACHT SICH IHR WISSEN BEZAHLT

- Wir veröffentlichen Ihre Hausarbeit,
  Bachelor- und Masterarbeit

- Ihr eigenes eBook und Buch -
  weltweit in allen wichtigen Shops

- Verdienen Sie an jedem Verkauf

**Jetzt bei www.GRIN.com hochladen
und kostenlos publizieren**

Soziale Probleme und das Tripel Mandat. Soziale Arbeit in der Heimerziehung

GRIN

Bibliografische Information der Deutschen Nationalbibliothek:

Die Deutsche Nationalbibliothek verzeichnet diese Publikation in der Deutschen Nationalbibliografie; detaillierte bibliografische Daten sind im Internet über http://dnb.d-nb.de abrufbar.

ISBN: 9783346523969
Dieses Buch ist auch als E-Book erhältlich.

Druck und Bindung: Books on Demand GmbH, Norderstedt Germany
Gedruckt auf säurefreiem Papier aus verantwortungsvollen Quellen

Das vorliegende Werk wurde sorgfältig erarbeitet. Dennoch übernehmen Autoren und Verlag für die Richtigkeit von Angaben, Hinweisen, Links und Ratschlägen sowie eventuelle Druckfehler keine Haftung.

Das Buch bei GRIN: https://www.grin.com/document/1144046

Inhaltsverzeichnis

1. Einleitung..1

2. Das ausgewählte Handlungsfeld 1

3. Zwei ausgesuchte Soziale Probleme und ihre Bearbeitung...3

4. Das Tripel Mandat in dem Handlungsfeld anhand eines Fallbeispiels............................7

5. Fazit 10

6. Literaturverzeichnis 12

7. Anhang 1 14

8. Anhang 2 15

1. Einleitung

Ich bin gelernte Erzieherin und arbeite derzeit in einer intensiv-therapeutischen Wohngruppe auf der rechtlichen Grundlage nach § 34 SGB VIII im Bereich der Kinder- und Jugendhilfe. Weil ich dieses Berufsfeld spannend finde und mir vorstellen kann, dass dies ein Handlungsfeld für meine spätere berufliche Praxis wird, möchte ich mein Wissen auf diesem Gebiet erweitern. Zumal ich erst kürzlich in das Berufsfeld eingestiegen bin, möchte ich mich in dieser Hausarbeit ausschließlich mit der stationären Erziehungshilfe in der Heimerziehung (und sonstigen betreuten Wohnformen) nach § 34 SGB VIII beschäftigen.

Des Weiteren möchte ich Ihnen einen Ausblick über die folgenden Kapitel der Hausarbeit geben. In Kapitel 2 beschäftige ich mich mit der Erläuterung der stationären Erziehungshilfe nach § 34 SGB VIII und den für mich relevantesten Merkmalen des Handlungsfeldes. Darüber hinaus möchte ich auf soziale Probleme (genaueres unter Kapitel 3) anhand von Fallbeispielen eingehen und die konkrete Bearbeitung der genannten sozialen Problemlagen erläutern. Das Tripelmandat im Handlungsfeld der Heimunterbringung möchte ich unter Kapitel 4 anhand eines praxisnahen Fallbeispiels genauer erläutern und in Kapitel 5 ein Fazit der gesamten Erkenntnisse und einen Ausblick bezüglich der Hausarbeit geben. Als Hinweis sei noch zu erwähnen: Zur besseren Lesbarkeit wurde in dieser Hausarbeit auf möglichst geschlechtsneutrale Formulierungen geachtet.

2. Das ausgewählte Handlungsfeld

Stationäre Hilfen, wie die Heimerziehung und sonstige betreute Wohnformen nach § 34 SGB VIII, finden in (un-)gewisser Dauer an außerfamilialen Orten statt, wenn in der Herkunftsfamilie nicht mehr gewährleistet werden kann, dass das Aufwachsen des Kindes auch trotz Einbindung zuvor installierter ambulanter oder teilstationärer Hilfen zur Erziehung nach § 27 SGB VIII ohne Schädigungen beziehungsweise ohne Gefährdungen erfolgt (vgl. Hansbauer u.a., 2020, S.241).

Somit ist die stationäre Erziehungshilfe immer in Verbindung mit der Rechtsgrundlage der Hilfe zur Erziehung nach § 27 SGB VIII zu Betrachten. Gemäß § 34 S.1 SGB VIII soll:

> „Hilfe zur Erziehung in einer Einrichtung über Tag und Nacht (Heimerziehung) oder in einer sonstigen betreuten Wohnform […] Kinder und Jugendliche durch eine Verbindung von Alltagserleben mit pädagogischen und therapeutischen Angeboten in ihrer Entwicklung fördern."

Zu den gewünschten und angestrebten Zielen gehören zum einen, wenn möglich zu erreichen, die Rückkehr in die Herkunftsfamilie, beziehungsweise zum anderen die Vorbereitung auf das Leben in einer anderen Familie. Sollte jedoch auch dies nicht zu ermöglichen sein, so soll die langfristige Maßnahme der Heimerziehung auf ein Leben in Selbstständigkeit vorbereiten (vgl. § 34 S.2 Nr.1, Nr.2 und Nr.3 SGB VIII). Somit kann zusammengefasst werden, dass die jungen

Menschen an einem außerfamilialen Wohnort, in einer Einrichtung wie z.b. einem Heim, einer (Außen-) Wohngruppe von professionellen Fachkräften, wie ErzieherInnen, SozialarbeiterInnen oder TherapeutInnen betreut werden. Je nach Spezialisierung auf ein Themengebiet können die professionellen Mitarbeitenden variieren.

Die Maßnahme der stationären Erziehungshilfe oder anderen Wohnformen nach § 34 SGB VIII ist zwar aufgrund sehr prekärer, multiproblematischer Familienlagen gewählt worden, jedoch ist die Zusammenarbeit zum Wohl des Kindes durch „[...] die in der Einrichtung für die Erziehung verantwortlichen Personen und die Eltern [...]" (§ 37 Abs. 1 S.1 SGB VIII) ein immenser Bestandteil der stationären Erziehungshilfe.

> „Die Familie ist eine elementare Sozialisationsinstanz und für die körperliche und psychische Entwicklung für [...] Jugendliche von entscheidender Bedeutung." (Bründel, 2004, S. 57).

Aufgrund dessen erachte ich die Elternarbeit beispielsweise in Form von Beratung und vor allem Beteiligung der Eltern am kompletten Prozess von der Wahl der Hilfeform, über Veränderungen der Hilfe, bis hin zur Gestaltung der Hilfeplanung als immens wichtig (vgl. § 36 Abs.1 S.1 und S.2 SGB VIII). Zu betonen ist unter dem Punkt der Elternarbeit das in § 34 S.2 Nr.1 SGB VIII Oberst genannte Ziel, der Versuch „eine Rückkehr in die Familie zu erreichen [...]", was anhand von Beratung, Unterstützung und Beteiligung der Eltern eine förderliche Verbesserung der Erziehungs- und Beziehungsbedingungen erwirken soll (vgl. § 37 Abs.1 S.2 und S.3 SGB VIII) und das zuvor genannte Ziel anstrebt. Dieser Punkt ist deshalb so bedeutsam für den Bereich der stationären Jugendhilfe beziehungsweise der Fremdunterbringung, weil die Eltern oder Personensorgeberechtigten nicht an denselben Orten sind, wo die Leistung der Hilfe erbracht wird. Kinder und Jugendliche haben somit nur durch den Erhalt oder den Wiederaufbau von Beziehungen die Möglichkeit der Rückführung in ihre Herkunftsfamilien.

Die zuvor genannte Mitwirkung und Hilfeplanung nach § 36 SGB VIII bindet unter anderem Fachkräfte, Kinder, Jugendliche und Eltern beziehungsweise Sorgeberechtigte in einen Prozess der Mitsprache von der Auswahl der Hilfsangebote, bei Fremdunterbringung über die Wahl der Einrichtung, den individuell zu vereinbarenden Zielen und Hilfsangebote ein. Dies ermöglicht nicht nur einen regen Kontakt zwischen allen Beteiligten, sondern lässt Raum für die Überprüfung der vollbrachten Art der Hilfe. Diese Gespräche finden meist halbjährlich statt und bieten Möglichkeiten zu prüfen, ob die Hilfemaßnahme noch geeignet und notwendig ist oder ob sie verändert und angepasst werden muss. An der Hilfeplanung können abweichend von den oben genannten Personen zusätzlich auch unterschiedliche Personen beteiligt werden, wie beispielsweise mitwirkende Institutionen, Vormünder, Therapeuten oder andere wichtige Bezugspersonen für das Kind oder den Jugendlichen.

Hierbei wird somit erkenntlich, dass die stationären Hilfen vermehrt und intensiv der Beziehungsarbeit und der Netzwerkarbeit zu Grunde liegen und diese einen hohen Stellenwert im Zusammenwirken aller beteiligten Akteure einnehmen. Um die Beziehungsarbeit und das Netzwerken gestalten zu können, benötigen Fachkräfte eine gute Kommunikation untereinander, sowie mit den beteiligten Akteuren und Institutionen. Eine Hilfeplanung wie zuvor beschrieben kann nämlich nur wirksam erstellt werden, wenn die für den individuellen Fall geltenden, möglichen handlungsbedürftigen Defizite, die bereits bestehenden und nutzbaren Ressourcen, der Gesundheitszustand und die aktuelle Befindlichkeit des Kindes oder Jugendlichen bekannt sind. Erst auf der Grundlage dieser Erkenntnisse kann die Hilfeplanung besprochen und im Prozess umgesetzt werden. Die Umsetzung betrifft hierbei jedoch nicht nur die Fachkräfte, Jugendlichen und den Ort wo die Hilfe erbracht wird, sondern alle am Hilfeprozess beteiligten Akteure. Beispielsweise müssen besprochene und festgelegte Methoden auch an sogenannten Besuchs- oder Heimfahrtwochenenden von den Personensorgeberechtigten ausgeführt werden. Eine kontinuierliche Kommunikation ist somit unumgänglich und für weitere Hilfeprozesse, Umsetzungen und Reflexionen bedeutend. Die strikte Umsetzung der im Hilfeplan besprochenen Methoden dient der Hinführung und Erreichung der individuellen Ziele, wie beispielsweise der Rückkehr in die Herkunftsfamilie. Hierbei stellt sich jedoch die Frage, was zu der Aufnahme nach § 34 SGB VIII geführt haben könnte. Diese Frage möchte ich Ihnen im Folgenden, dritten Kapitel anhand der genauen Erläuterung von Sozialen Problemen, Fallbeispielen und deren individueller Bearbeitung erklären.

3. Zwei ausgesuchte Soziale Probleme und ihre Bearbeitung

„Wenn von sozialen Problemen die Rede ist, dann werden damit im Alltag sofort konkrete Beispiele assoziiert wie Armut, Kriminalität, Drogenkonsum, Arbeitslosigkeit, sexueller Missbrauch, Alkoholismus oder Gewalt." (Groenemeyer, 2015, S. 1499).

Die zuvor geschilderten Probleme könnten kategorisch nicht unterschiedlicher einzuordnen sein, jedoch bilden sie die Grundlage von sozialen Problemen. Soziale Arbeit kümmert sich um eben jene Betroffenen und sieht soziale Probleme als Handlungsanlass für die Finanzierung der Hilfen, sowie die öffentliche, politische Anerkennung und vor allem ihre für jedes Problem unterschiedlichen Methoden und professionellen Interventionen. Somit bildet das Konstrukt der sozialen Probleme die Arbeitsgrundlage für Soziale Arbeit, die sich mit prekären Lebenslagen auseinandersetzt, die Problemlagen bearbeitet und kontrolliert. (vgl. Groenemeyer, 2015, S. 1499). Groenemeyer betont jedoch im Handbuch der Sozialen Arbeit, dass es keine expliziten Probleme der Gesellschaft gibt, sondern diese Probleme nur innerhalb von Gesellschaften entstehen. Das richtet sich beispielsweise an jegliche Verhaltensweisen eines Menschen, die nicht gesellschaftlich akzeptiert sind und Leid verursachen – gegen

Gesetze und Wertvorstellungen innerhalb von einer Gesellschaft verstoßen wodurch ein Problem innerhalb der Gesellschaft entsteht, welches es durch Maßnahmen zu verändern gilt (vgl. Groenemeyer, 2015, S. 1500 ff.).

Im Folgenden möchte ich mich mit zwei sozialen Problemen anhand eines kurzen Fallbeispiels auseinandersetzen, die Gründe einer Hilfegewährung nach §34 SGB VIII gewesen sind und die möglichen konkreten Methoden zur Bearbeitung der Sozialen Probleme erläutern. Für das Handlungsfeld der Heimerziehung und sonstigen betreuten Wohnformen nach § 34 SGB VIII hat das Statistische Bundesamt 2019 in ihrer Statistik 10 Gliederungspunkte für Gründe der Hilfegewährung genannt. Dazu möchte ich jedoch erwähnen, dass die in der Grafik abgebildeten 10 Gliederungspunkte für die Gewährung von Hilfen nicht immer scharf getrennt voneinander betrachtet werden können und sich gegebenenfalls gegenseitig bedingen. So kann beispielsweise eine eingeschränkte Erziehungskompetenz mit Auffälligkeiten im sozialen Verhalten oder aber auch die Unversorgtheit des jungen Menschen mit psychischen Erkrankungen einhergehen.

Für die Hilfegewährung nach §34 SGB VIII ist der häufigste Grund die eingeschränkte Erziehungskompetenz mit 15.105 Fällen gewesen, wohingegen der zweithäufigste Grund die Entwicklungsauffälligkeiten/ seelischen Probleme des jungen Menschen mit rund 10.273 Fällen von den insgesamt 90.641 begonnenen Hilfen gewesen ist (vgl. Statistisches Bundesamt, 2019, S. 47). Diese beiden Bereiche decken somit fast ein Drittel der Grundlagen der Hilfegewährung.

Anfangen möchte ich mit einer Krisensituation, die mit einer depressiven Verstimmung und selbstschädigendem Verhalten einhergeht. Warum es wichtig ist, sich als Fachkraft in der Fremdunterbringung ebenfalls mit psychischen Erkrankungen auszukennen, zeigen die Fallzahlen des statistischen Bundesamtes. Als soziales Problem können auch psychische Probleme gesehen werden, weil sie beispielsweise mit selbstverletzendem Verhalten einhergehen können und dieses Verhalten nicht der gesellschaftlichen Norm entspricht. Psychische Probleme sind heutzutage noch immer Tabu-Themen, die es den Betroffenen erschweren offen über Probleme zu kommunizieren. Hawton et al. (2008, S. 51ff.) befassen sich in ihrem Buch mit ihrer eigens konzipierten und durchgeführten Schülerstudie „Selbstverletzendes Verhalten und Suizidalität bei Jugendlichen", welche sich an Jugendliche im Alter von 15-16 Jahren richtet. Ihre Forschungsergebnisse deuten darauf hin, das selbstschädigendes Verhalten eine Form der Problembewältigung sein kann und es umso wahrscheinlicher ist, wenn Jugendliche ihre eigenen Probleme als hoffnungslosen, unlösbaren und seelisch belastenden Zustand empfinden und erleben. Zu unterscheiden ist hierbei das nicht suizidale selbstverletzende Verhalten, kurz NSSV, von dem selbstverletzenden Verhalten mit suizidaler Absicht (vgl. In-Albon u.a, 2015, S. 11 ff.). Der genaue Fall zum vorherigen Lesen befindet sich im Anhang 1 Fallbeispiel Nummer 1 aufgrund seiner Länge.

F. hat klar ausgedrückt, dass das Verhalten des Schneidens und das Anfangen des Rauchens aus einer Krisensituation mit fehlenden Bewältigungsstrategien einer negativen Gefühlslage einhergeht. Fehlende Bewältigungsstrategien könnten in der Zukunft zu einer Desintegration in die Gesellschaft, Verlust von sozialen Beziehungen und somit einen Ausschluss, eine Isolation bedeuten. Bei diesem Fall gibt es zwei vorrangige Ziele. Zum einen das Erkennen der aktuellen Situation, sowie den Wunsch nach Veränderung, was gegeben ist. Zum anderen eine für ihn passende Methode die Bewältigungsstrategien zu verändern. Um Klienten in solchen Fällen bestmöglich Helfen zu können, müssen (Sozial-)pädagogische Fachkräfte und Therapeuten zusammen arbeiten (vgl. Holler & Bürger, 2020, S. 506 f.). Gemeinsam könnte in diesem Gespräch ein strukturiertes Wochentagebuch erstellt werden, um herausfinden zu können, wann, in welcher Situation und wodurch F. den Drang verspürt, sich selbst zu verletzen oder zu anderen Suchtmitteln beziehungsweise Substanzen zu greifen. Ein gegenteiliger Plan könnte enthalten, was in diesen Situationen helfen könnte, sich von den negativen Gefühlen zu distanzieren, sich abzulenken oder diese in einem geschützten Rahmen offen kommunizieren zu können. Dieses Gespräch soll zwar durch die Fachkräfte geführt und mit Ideen angeregt, jedoch inhaltlich hauptsächlich von dem Klienten kommen, zumal dies ein individueller Hilfeplan ist. In einem sehr detaillierten Wochenplan können somit Tag und Uhrzeit, Situation, die allgemeine Stimmung und der Drang zur Selbstverletzung dokumentiert werden, ein Beispiel hierfür befindet sich im Anhang 2 (vgl. In-Albon u.a, 2015, S. 35 ff.). Dieser Wochenplan kann gemeinsam mit der pädagogischen Fachkraft ausgefüllt werden. Mit der internen Therapeutin werden wöchentlich zwei feste Termine angesetzt, um die Ergebnisse zu besprechen und negative Gefühle in Folge der Erkrankung des Elternteils zu verarbeiten, dies kann beispielsweise in Form von Gesprächen oder praktischen Tätigkeiten, wie zu erlernenden Coping-Strategien erfolgen. Insbesondere Eltern können in diesem Plan eingebunden werden, beispielsweise in Fachgesprächen oder in Freizeitaktivitäten, die F. ablenken, Spaß machen und als Bewältigungsstrategien zukünftig genutzt werden können. Zu erwähnen ist hierbei, dass die Methoden von Fall zu Fall variieren können und dies eine Handlungsmöglichkeit darstellen soll.

Auch Gewalt ist ein weiteres Soziales Problem, das beispielsweise von Groenemeyer (2015, S. 1499) im „Handbuch – Soziale Arbeit" genannt worden ist. Um die folgende Bearbeitung verstehen zu können, bitte ich darum den sich im Anhang 1 befindenden Fall Nr. 2 zu lesen. Ein Grund des aggressiven Verhaltens des jungen Menschen kann aufgrund einer eingeschränkten Erziehungskompetenz vorliegen. Zu betonen sei hierbei jedoch, dass das ein Beispielgrund von vielen möglichen Gründen sein kann, auf den aggressive Verhaltensweisen von jungen Menschen zurückzuführen sein können. Günder und Reidegeld zeigten in einer

Untersuchung im Jahr 2007 zum Thema „Aggressionen in der Stationären Erziehungshilfe", dass das aggressive Verhalten meist schon bei der Aufnahme des Kindes oder Jugendlichen in die stationäre Unterbringung ein Grund gewesen ist. Dies ergab sich aus den Antworten der fast 400 befragten Fachkräfte aus der Heimerziehung mit einem Anteil von 42 %. Dies würde beispielsweise fast die Hälfte der jungen Menschen betreffen, die nach §34 SGB VIII fremduntergebracht sind und somit die Bedeutung des sozialen Problems verdeutlichen (vgl. Günder & Reidegeld, 2007, S. 10 ff.). Wenn auf diese sozialen Probleme nicht hingewiesen und professionell an ihnen mit den Klienten gearbeitet wird, so können sich daraus weitere soziale Probleme manifestieren, wie erhöhte Gewaltbereitschaft im Erwachsenenalter und sich daraus entwickelnde, straffällige Biografien und Lebensläufe. Um jedoch diese Entwicklung der Biografien von jungen Menschen zu beeinflussen, können in der Praxis Methoden zur Reduzierung der aggressiven Verhaltensweisen angewandt werden.

Die Anwendung der Methoden erfolgt jedoch in jedem Fall individuell und kann je nach Methode sowohl selbstständig von sozialpädagogischen Fachkräften oder in vernetzter Zusammenarbeit mit Kinder- und Jugendpsychotherapeuten erbracht werden. Eine beispielsweise konkrete Bearbeitung des sozialen Problems könnte im Fall Nr. 2 die pädagogisch Verhaltenstherapeutische Methode mit Tokens sein. Zuvor wurde auf negative Verhaltensweisen mit Bestrafungen reagiert, die wiederum Aggressivität auslösten und positive, erwünschte Verhaltensweisen wurden   ignoriert. Ein Token-System kann hierbei durch Anleitung und Kooperation von Psychologen oder Kinder- und Jugendpsychotherapeuten in ständigem Austausch, durch Supervision und Reflexion von (Sozial-)pädagogischen Fachkräften durchgeführt werden. Ein Token-System baut hierbei darauf auf, aggressionsfreie Tage zu belohnen. Erfolgsversprechend ist dieses System jedoch nur, wenn alle Fachkräfte in einem stetigen Austausch zueinander stehen und das System konsequent anwenden. Auch der Einbezug der Erziehungsberechtigten hat hierbei einen großen Stellenwert, sie müssen in die Methode eingeführt und angeleitet werden. Nur so kann beispielsweise die Verhaltensänderung auch in der Herkunftsfamilie wieder hergestellt und fortgeführt werden. Dies funktioniert jedoch nur, wenn eine Belohnung vereinbart wurde, die der Klient als Anreiz empfindet. Anfangs bietet es sich an, beispielsweise mit 10 gesammelten Token, einen Kinobesuch oder Reitstunden zu erhalten, wobei das System der Token nach geraumer Zeit gemeinsam mit dem Klienten erweitert werden kann (vgl. Günder, 2020, S. 201 f.).

> „Ein besonderes Beispiel ist die Fallgeschichte eines zuvor sehr aggressiven Jugendlichen, der in einer intensivpädagogischen Wohngruppe lebte. Er konnte mit 300 gesammelten ‚Token' gemeinsam mit einem Erzieher eine Reise nach London antreten." (Günder, 2020, S. 202).

Dieses Beispiel zeigt, wie bedeutend professionelle Vernetzung im Bereich der Fremdunterbringung zwischen (Sozial-)pädagogischen Fachkräften und anderen Fachkräften oder Institutionen sein kann. Durch die positive Verstärkung der Verhaltensänderung kann eine dauerhafte Veränderung erfolgen. Kombiniert werden kann und sollte dies selbstverständlich mit Coping-Strategien, wie beispielsweise Sport als Kompensation für Situationen die aggressive Verhaltensweisen veranlassen. Das unerwünschte aggressive Verhalten wird im Token-System ignoriert. Es werden keine gesammelten Token als Bestrafung entfernt, sondern das Vergeben von Tokens bleibt am Tag des Geschehens aus (vgl. Günder, 2020, S. 202).

Wichtig ist hierbei, das Verhalten nach der kontinuierlichen Verstärkung des Token-Systems in Zukunft abflachend auf intermittierende Verstärkung, also gelegentliche Verstärkung abgewandelt wird. Die kontinuierliche Verstärkung ermöglicht einen anfänglich schnellen Lernerfolg, der durch gelegentliche Verstärkung weniger anfällig für eine Extinktion, also eine Löschung ist (vgl. Altenthan et al., 2017, S. 194). Das vierte Kapitel soll anhand eines Fallbeispiels Aufschluss über das Spannungsfeld der Sozialen Arbeit geben.

4. Das Tripel Mandat in dem Handlungsfeld anhand eines Fallbeispiels

Um im Folgenden das Tripelmandat definieren und erklären zu können, werden zunächst der Begriff des Mandates definiert und das Doppelmandat erläutert, woraus das Tripelmandat entstanden ist.

„Als «Mandat» (lateinisch *mandare*, «aus der Hand geben», beauftragen) soll ein Auftrag oder eine Ermächtigung ohne genaue Handlungsweisungen bezeichnet werden." (Staub-Bernasconi, 2018, S.111).

Das Doppelmandat, beziehungsweise das Mandat von Hilfe und Kontrolle wurde in den 1970er Jahren von Böhnisch und Lösch eingeführt (vgl. Staub-Bernasconi, 2019, S. 83 ff.). „Sozialarbeiter geraten stets in ein Spannungsfeld unterschiedlicher Erwartungen und haben […] immer ein doppeltes Mandat" (Trenzcek & Müller, 2015, S. 747). Folgend kann daraus geschlossen werden, dass das Doppelmandat zum einen bestehend aus dem Staat beziehungsweise der Gesellschaft und zum anderen bestehend aus dem Adressaten aufgrund von unterschiedlichen Anforderungen, wie Bedürfnissen und Interessen aber auch Gesetzen und Vorgaben in einem Spannungsfeld der Vermittlungsprobleme zueinander stehen. Somit gehen Sozialarbeiter bei der Aufnahme ihres Berufes auch bei einem öffentlichen Träger eine bestimmte, rechtliche Verbindlichkeit seitens des Staates und somit der Kontrollfunktion, aber auch seitens des Klienten mit einer konkreten Hilfeleistung ein. (vgl. Lob-Hüdepohl, 2013, S.

2). Das Doppelmandat wurde jedoch von Staub-Bernasconi um ein weiteres Mandat, das sogenannte Tripelmandat, ergänzt.

Das Tripelmandat kann „nach bestem *Wissen* und *Gewissen'* zu handeln […] zwei Komponenten oder Dimensionen:" (Staub-Bernasconi, 2019, S. 87) haben, die den Ethikkodex und die wissenschaftliche Fundierung ihrer Methoden beinhalten. Explizit bedeutet das, dass Soziale Arbeit als *„Profession* […] ihre Interventionen wissenschaftlich und ethisch begründen […]"* (Staub-Bernasconi, 2018, S. 286) können muss. Zum wissenschaftlichen Arbeiten zählen somit auch angewandte Methoden, die begründet werden müssen. Die Bedeutung des Ethikkodex wird nochmals verständlicher, wenn Soziale Arbeit unter dem Aspekt betrachtet wird, dass sie letztlich auch von „[…] menschenverachtenden Ideologien, Diktaturen […] in den Dienst genommen werden kann […]" (Staub-Bernasconi, 2018, S. 114), was unter diesem Punkt der Betrachtung die Menschenrechte verletzen würde. Damit spiegelt sich also nicht nur die Dimension der Legalität der Arbeitsgrundlage, sondern auch die ethisch-moralische Legitimierung der Sozialen Arbeit im Tripelmandat wider.

> „Wissenschaftsbasierung und Berufskodex verschaffen also der Sozialen Arbeit nicht nur die Basis für unabhängige Urteile über Situationen, Probleme, deren Erklärung und Bewertung sowie über die Wahl von Vorgehensweisen, sondern zudem auch eine eigene, allgemeine Legitimations- und Mandatsbasis […]." (Staub-Bernasconi, 2007, S.13).

Im Folgenden möchte ich ein Fallbeispiel aus der Praxis zum Thema *„schwierige Elternkontakte innerhalb des Handlungsfeldes Wohngruppe"* verwenden, um anhand dessen das Tripelmandat zu erläutern. Die Namen und das Alter wurden zum Schutz der Klienten geändert und auch der Sachverhalt wurde abgewandelt, um den Datenschutz zu gewährleisten.

Erik ist 9 Jahre alt, wohnt seit drei Monaten in einer Außenwohngruppe und hatte in dieser Zeit nur telefonischen Kontakt zu seinen Eltern, was er sich selbst gewünscht hatte. Den Betreuern der Wohngruppe ist aufgrund des Aufnahme- und Hilfeplangespräches bekannt, dass die Eltern von E. suchtkrank sind, sich in Therapie befinden und aufgrund der Schwere der Erkrankung mit Rückfällen zu kämpfen haben. Laut eigenen Aussagen haben sie E. in dieser Zeit sehr vernachlässigt, manchmal seien sie zu schwach gewesen, um E. Essen zu kochen oder einzukaufen, was die Eltern manchmal aufgrund ihres Drogenrausches nicht bemerkt hatten. Daraufhin sind sie selbsttätig geworden und haben bei dem zuständigen Jugendamt eine Fremdunterbringung für E. veranlasst, um ihn zu schützen und ihn nach einer erfolgreichen Therapie wieder zurück in die Familie holen zu können. Vor ein paar Tagen hat E. sich am Telefon mit seiner Mutter für ein baldiges Besuchswochenende verabredet und bittet nun nach langer Überlegung beim Abendessen die Betreuer, einen Termin dafür auszumachen. G. ist die Bezugsbetreuerin von E. und antwortet darauf nur, dass sie das gerne mit ihm allein besprechen wolle. Gerade denkt G. an das gestrige Telefonat mit E.'s Mutter zurück, die sie wegen eines erneuten Rückfalles unter lautem Weinen angerufen hatte. Die Situation scheint noch komplizierter zu werden...

Gemäß dem in § 1 Abs. 3 Nr. 4 SGB VIII genannten Recht auf Erziehung, in der die Jugendhilfe dazu beitragen soll, „eine kinder- und familienfreundliche Umwelt zu erhalten oder zu schaffen […]" möchte G. als Sozialpädagogin E. und seinen Eltern das Recht einander sehen zu dürfen ermöglichen. In § 1 Abs.2 S.1 SGB VIII ist die „Pflege und Erziehung der Kinder […] das natürliche Recht der Eltern und die zuvörderst ihnen obliegende Pflicht", was beispielsweise auch durch das Erreichen eines der möglichen Ziele der Fremdunterbringung durch den § 34 SGB VIII vollständig zurück erlangt werden kann und angestrebt werden soll. Denn nach § 34 S. 2 Nr. 1 SGB VIII soll beispielsweise auf den Versuch der Rückführung in die Herkunftsfamilie hingearbeitet werden.

G. steht jedoch vor der Schwierigkeit, dass sie als Mitarbeiterin der Jugendhilfe von Seiten des Staates laut § 1 Abs. 3 Nr. 3 SGB VIII für das Wohl von Kindern und Jugendlichen sorgen und sie vor Gefahren schützen soll. G. kann jedoch nicht gewährleisten, dass der Besuch bei den Eltern aufgrund der Lebensumstände das Wohl von E. nicht gefährdet und in diesem Fallbeispiel ein Besuchsverbot bedeuten könnte. Ein gemeinsamer Tagesbesuch kommt nicht in Frage, weil die Wohngruppe unterbesetzt ist.

Somit steht G. nicht nur anhand des Doppelmandates in einem Konflikt zwischen Hilfe und Kontrolle, sondern anhand des Tripelmandates auch in einem Konflikt ihrer Profession „nämlich ‚nach bestem *Wissen* und *Gewissen'* zu handeln" (Staub-Bernasconi, 2019, S. 87). Somit muss sie einen Spagat zwischen den Anforderungen machen und eine Lösungsmöglichkeit finden, um zwischen der staatlichen Vorgabe das Wohl des Kindes zu schützen, dem Anliegen und dem Recht des Kindes seine Eltern zu sehen (und umgekehrt), sowie dem eigenen Ethikkodex und der Wissenschaftsbasierung der Profession zu handeln. G. und alle Beteiligten könnten hierbei zu der Entscheidung kommen, einen begleiteten Umgang bei einem Familiengericht zu erwirken. Denn nach §1684 Abs.4 S.3 BGB kann „das Familiengericht […] insbesondere anordnen, dass der Umgang nur stattfinden darf, wenn ein mitwirkungsbereiter Dritter anwesend ist.", jedoch kann der Mitwirkende Dritte auch ein Träger der Jugendhilfe, wie beispielsweise eine sozialpädagogische Familienhilfe oder ein Mitarbeiter der Wohngruppe sein (vgl. § 1684 Abs. 4 S. 4 BGB). Eine Voraussetzung für dieses Vorgehen wäre hierbei, dass das Wohl des Kindes ansonsten gefährdet werden würde. Das Treffen würde somit unter Vorbehalt nicht stattfinden, zumal im Vordergrund das Wohl des Kindes steht was vorerst ohne Rücksicht auf die Interessen der anderen Beteiligten Akteure gewährleistet werden muss, bis das Familiengericht eine verbindliche Entscheidung getroffen hat, die teilweise auch bis zu 1 ½ Jahren andauern kann. Dies könnte verständlicher Weise weitere Konflikte seitens des Tripelmandates auslösen. Eine vorübergehende Lösung könnte hierbei die Videotelefonie zu verabredeten Zeiten oder ein Besuch der nüchternen Eltern innerhalb der Wohngruppe sein.

In dem letzten Kapitel, dem Fazit, wird eine Zusammenfassung der einzelnen Kapitel erfolgen und Erkenntnisse erläutert, die als besonders wichtig erachtet werden.

5. Fazit

Die Heimerziehung und sonstige betreute Wohnformen weisen somit Gesetzeslagen und Komplexitäten von individuellen Fällen für pädagogische Fachkräfte auf, weshalb diese nicht eigenständig dem Betroffenen helfen können, sondern Netzwerkarbeit betreiben müssen. Die Netzwerkarbeit mit Erziehungsberechtigten, Institutionen wie dem Jugendamt und anderen beruflichen Fachkräften, wie z.b. mit Ärzten und Psychologen ist somit unumgänglich und Hauptbestandteil des Handlungsfeldes. Das Arbeiten in dem Handlungsfeld der Heimerziehung und sonstigen betreuten Wohnformen nach § 34 SGB VIII basiert auf zahlreichen gesetzlichen Vorgaben. Zu Bedenken sind hier nicht nur das bürgerliche Gesetzbuch, sondern Kinder- und Jugendhilfegesetze und Sozialgesetzbücher. Im Mittelpunkt der Arbeit steht jedoch immer der Klient, sein Wohl und seine direkte Lebensumwelt. Es soll darauf hingearbeitet werden, Kinder und Jugendliche zurück in ihre Herkunftsfamilie ziehen zu lassen. Wenn dies jedoch aus individuellen Gründen nicht gegeben sein kann, so wird die Vorbereitung zum Leben in einer anderen Familie getroffen. Sollten beide Ziele nicht umsetzbar sein, so ist Heimerziehung und sonstige betreute Wohnformen darauf ausgelegt, langfristig Kinder und Jugendliche zu betreuen und zu erziehen. Sozialarbeiter begegnen in ihrer Arbeit nicht nur prekären Lebenslagen und individuellen Biografien, sondern auch sogenannten Sozialen Problemen. Groenemeyer hat 2015 im „Handbuch – Soziale Arbeit" schon erwähnt, dass soziale Probleme mittlerweile als Sammelbegriff für unzählige Probleme genutzt wird, die so kategorisch und vielseitig nicht unterschiedlicher sein könnten (vgl. Groenemeyer, 2015, S. 1499 ff.). Die Bearbeitung beziehungsweise Verminderung dieser Problemlagen ist Hauptaufgabe der Sozialen Arbeit, die sich dadurch in Spannungsfeldern anhand eines Trippelmandates bewegt. Hierbei sind nicht nur gesetzliche Vorgaben und Bedürfnisse anhand von Hilfe und Kontrolle zu leisten, sondern auch das wissenschaftsbasierte und ethisch korrekte handeln (vgl. Staub-Bernasconi, 2019, S. 83 ff.). Dass das Wohl des Kindes hierbei an erster Stelle steht beweist das Fallbeispiel von Erik in Kapitel 4, auch wenn gegen Interessen der einzelnen Akteure agiert werden muss.

Meine Erkenntnisse aus der intensiven Beschäftigung mit diesem Handlungsfeld hat mir gezeigt, wie immens bedeutend die Elternarbeit in dem Bereich der Fremdunterbringung, in diesem Fall der Heimunterbringung ist. Ich habe es vorher nicht bewusst genug unter dem Punkt betrachtet, dass Eltern aufgrund der örtlichen Trennung kaum an Erziehungsprozessen des Kindes beteiligt sind, wodurch die Beziehung von Eltern / Personensorgeberechtigten und

Kind abschwächt und die Erreichung der Rückführung in die Herkunftsfamilie erschwert werden kann. Die Bedeutung der sogenannten Besuchswochenenden, deren positive Gestaltung sowie eine kontinuierliche und ausführliche Kommunikation zwischen allen Beteiligten nimmt dadurch ebenfalls eine bedeutende Rolle ein. Die Beziehungsarbeit dient hierbei nicht nur einer reibungslosen Kommunikation der Beteiligten, sondern kann an Verhältnissen arbeiten, die prekäre Lebenslagen und Situationen vermindern können. Kritisch zu betrachten finde ich jedoch auch das Bezugsbetreuersystem. Kinder und Jugendliche kommen meist aus multiproblematischen, prekären Lebensverhältnissen in Fremdunterbringungen, wobei ihre Biografien nicht selten mehrfache Beziehungsabbrüche und fehlende Bezugspersonen widerspiegeln. Durch das Bezugsbetreuersystem erhalten sie eine konstante Beziehung, die den Kindern und Jugendlichen gut tut. Im Gegensatz muss jedoch auch betrachtet werden, dass die Arbeit in Einrichtungen der Fremdunterbringung zumeist in Schichtdiensten erfolgt und bei wichtigen Anliegen oder Bedürfnissen auf andere, anwesende Fachkräfte zurückgegriffen werden muss. Auch müssen erneute Kontaktabbrüche aufgrund von Kündigung, Rente oder Krankheit der Mitarbeiter und von Veränderungen der Maßnahmen betrachtet werden. Dies muss bei gegebenen Anlass mit dem jeweiligen Klienten gut kommuniziert und Übergänge des Bezuges sanft gestaltet werden, damit dieser nicht einen erneuten Abbruch einer Beziehung erleben muss.

Für mein Handeln in der Praxis werde ich vermehrt auf den Einbezug der Personensorgeberechtigten achten und Bewältigungsstrategien, sogenannte Coping-Strategien vermehrt anbieten. Mir war schon vorher bewusst, wie immens bedeutend das Erlernen von Bewältigungsstrategien alltäglicher Lebenssituationen ist, jedoch habe ich zuvor meines Erachtens zu wenige Möglichkeiten zum Erlernen dieser Coping-Strategien angeboten. Auch möchte ich innerhalb meiner Einrichtung erfragen, ob es möglich ist, an einem Hilfeplangespräch teilzunehmen. Meine Teilnahme an dem Gespräch würde ich im weiteren Verlauf partizipativ mit dem jeweiligen Klienten besprechen und seine Genehmigung erfragen, zumal das Gespräch häufig hohe Emotionalität seitens der Klienten beinhaltet und bedeutende Themen besprochen werden. Ich möchte dem Klienten somit zeigen, dass ich zwar teilnehmen möchte, aber seine Meinung diesbezüglich respektiere und ihm das Gefühl von Selbstwirksamkeit vermitteln möchte.

6. Literaturverzeichnis

Altenthan, Sophia; Betscher-Ott, Sylvia; Gotthardt, Wilfried; Hobmair, Hermann (Hrsg.); Höhlein, Reiner; Ott, Wilhelm; Pöll, Rosmaria (2017): Mensch-Psyche-Erziehung. Studienbuch zur Pädagogik und Psychologie. 2. Aufl. Köln: Bildungsverlag EINS Westermann.

Bründel, Heidrun (2004): Jugendsuizidalität und Salutogenese. Hilfe und Unterstützung für suizidgefährdete Jugendliche. Stuttgart: Kohlhammer.

Groenemeyer, Axel (2015): Soziale Probleme. In: Otto, Hans-Uwe; Thiersch, Hans (Hrsg): Handbuch Soziale Arbeit. Grundlagen der Sozialarbeit und Sozialpädagogik. 5. erw. Aufl. München: Ernst Reinhardt Verlag.: 1499- 1513.

Günder, Richard; Nowaki, Katja (2020): Praxis und Methoden der Heimerziehung. Entwicklungen, Veränderungen und Perspektiven der stationären Erziehungshilfe. 6. überarb., u. ergänzte Aufl. Freiburg im Breisgau: Lambertus-Verlag.

Günder, Richard; Reidegeld, Eckart (2007): Aggressionen von Kindern und Jugendlichen in der Stationären Erziehungshilfe. In: Unsere Jugend. 59. Jg., H. 1, München: 10-17.

Hansbauer, Peter; Merchel, Joachim; Schone, Reinhold; Bieker, Rudolf (Hrsg.) (2020): Kinder- und Jugendhilfe. Grundlagen, Handlungsfelder, professionelle Anforderungen. Stuttgart: Kohlhammer. (Bd. 35)

Hawton, Keith; Rodham, Karen; Evans, Emma (2008): Selbstverletzendes Verhalten und Suizidalität bei Jugendlichen. Risikofaktoren, Selbsthilfe und Prävention. Bern: Hans Huber.

Holler, Michaela; Bürger, Arne (2020): Pädagogisches Rahmenkonzept zum Umgang mit nicht-suizidalem selbstschädigenden Verhaltensweisen (NSSV). In: Beck, Norbert (Hrsg.): Therapeutische Heimerziehung. Grundlagen, Rahmenbedingungen, Methoden. Freiburg im Breisgau: Lambertus-Verlag.: 506 – 518. (Bd. 47)

In-Albon, Tina; Plener, Paul L.; Brunner, Romuald; Kaess, Michael (2015): Ratgeber Selbstverletzendes Verhalten. Informationen für Betroffene, Eltern, Lehrer und Erzieher. Göttingen u.a.: Hogrefe. (Bd. 19)

Lob-Hüdepohl, Andreas (2013): „People first" Die ‚Mandatsfrage' sozialer Professionen aus moralphilosophischer Sicht. In: EthikJournal. 1 Jg., H. 1, Berlin: 1-22.

Staub-Bernasconi, Silvia (2019): Menschenwürde – Menschenrechte – Soziale Arbeit. Die Menschenrechte vom Kopf auf die Füße stellen. Opladen u.a.: Verlag Barbara Budrich.

Staub-Bernasconi, Silvia (2018): Soziale Arbeit als Handlungswissenschaft. Soziale Arbeit auf dem Weg zu kritischer Professionalität. 2., überarb. u. aktualisierte Ausgabe. Opladen u.a.: Verlag Barbara Budrich.

Staub-Bernasconi, Silvia (2007): Vom beruflichen Doppel- zum professionellen Tripelmandat. Wissenschaft und Menschenrechte als Begründungsbasis der Profession Soziale Arbeit. In: Zeitschrift für Sozialarbeit in Österreich, H. 2, Zürich u.a.:8–16.

Trenczek, Thomas; Müller, Siegfried (2015): Jugendhilfe und Strafjustiz – Jugendgerichtshilfe. In: Otto, Hans-Uwe; Thiersch, Hans (Hrsg): Handbuch Soziale Arbeit. Grundlagen der Sozialarbeit und Sozialpädagogik. 5. erw. Aufl. München: Ernst Reinhardt Verlag.: 743- 749.

Internetlinks

Statistisches Bundesamt (Destatis) (2019): Statistiken der Kinder- und Jugendhilfe Erzieherische Hilfe, Eingliederungshilfe für seelisch behinderte junge Menschen, Hilfe für junge Volljährige. Abruf am 28.12.2020 um 12:02 unter: https://www.destatis.de/DE/Themen/GesellschaftUmwelt/Soziales/Kinderhilfe-Jugendhilfe/Publikationen/Downloads-Kinder-und-Jugendhilfe/erzieherische-hilfe-5225112197004.pdf?__blob=publicationF

Weiterführende Literatur

In-Albon, T.; Schmid, M. (2012): Selbstverletzendes Verhalten im Kindes- und Jugendalter. In: Meinlschmidt, G.; Schneider, S.; Margraf, J. (Hrsg.): Lehrbuch der Verhaltenstherapie. Materialien für die Psychotherapie. Berlin: Springer.: 769 – 782. (Bd. 4)

13

7. Anhang 1

Fallbeispiel Nummer 1:

F. ist 16 Jahre alt und lebt seit längerem aufgrund von Entwicklungsauffälligkeiten und seelischen Auffälligkeiten in einer Wohngruppe. Aufgrund einer Vielzahl von Vorkommnissen hat F. eine lange Kontaktpause mit seinen Eltern gehabt und vor kurzem den Kontakt mit seinen Eltern wieder aufgenommen. Als sie sich endlich wieder näher kamen, erfährt F., dass sein Vater Krebs im Endstadium hat. Seitdem redet er nur noch ungern, schon gar nicht über das Thema. Neulich ist einer Betreuerin der zerkratzte Arm von F. und ein Geruch von Rauch aufgefallen und die interne Therapeutin wird eingeschaltet. Seine Bezugsbetreuerin redet mit F. und möchte ein Gespräch mit seinen Eltern, der Therapeutin und ihm gemeinsam veranlassen, um herauszufinden wie sie F. helfen können. F. erklärt, er möchte das Gespräch vorerst ohne seine Eltern stattfinden lassen, es gebe für ihn keinen anderen Weg mit Problemen umzugehen. Er hasst es, sich selbst weh zu tun und an Zigaretten gelangt er auch nur selten. Gemeinsam überlegen sie nach möglichen Methoden…

Fallbeispiel Nummer 2:

L. ist 12 Jahre alt und befindet sich aufgrund eingeschränkter Erziehungskompetenz seit kurzem in der Außenwohngruppe. Gemeinsam mit ihr leben hier fünf weitere Jugendliche. L. zeigt bei der Aufnahme eine leichte Störung des Sozialverhaltens die sich in Verhaltensauffälligkeiten in Form von Aggressivität widerspiegelt. Dies ist einer der Gründe, warum L. die stationäre Maßnahme gewährt wurde. Ihre Eltern waren zuletzt laut eigenen Aussagen mit der Erziehung überfordert und sind nur auf Fehlverhalten in Form von Bestrafung eingegangen, positive Verhaltensweisen konnten nicht mehr erkannt und somit ignoriert werden. In Konfliktsituationen kann L. ihre Wut nicht kontrollieren, sie schlägt um sich und schreit. Gemeinsam möchte das Team eine einheitliche Möglichkeit finden, das aggressive Verhalten von L. zu verringern. Wenn sich die Aggressivität steigert, kann sie zum Schutze der anderen Jugendlichen nicht in dieser Wohngruppe bleiben und muss erneut umziehen…

8. Anhang 2

Tagebuch – Wochenprotokoll[1]								
Tag/Uhrzeit	Kurze Beschreibung der Tätigkeit bzw. Situation	Welche Gedanken habe ich?	Wie ist meine allgemeine Stimmung? Von 0 (= schlecht) bis 10 (= sehr gut)	Wie stark ist der Drang, mich selbst zu verletzen? Von 0 (= kein) bis 10 (= sehr stark)	Kommt es zu selbstverletzendem Verhalten? Ja / Nein		Besteht Suizidgefahr? Von 0 (= keine) bis 10 (= sehr stark)	Kommt es zu anderen Risikoverhaltensweisen? Falls ja, welchen?
MO 06.00–12.00					☐	☐		
MO 12.00–18.00					☐	☐		
MO 18.00–06.00					☐	☐		
DI 06.00–12.00					☐	☐		
DI 12.00–18.00					☐	☐		
DI 18.00–06.00					☐	☐		

---

1 in Anlehnung an In-Albon und Schmid (2012)

(In-Albon u.a, 2015, S. 49 ff. , in Anlehnung an In-Albon und Schmid 2012)

Tag/Uhrzeit		Kurze Beschreibung der Tätigkeit bzw. Situation	Welche Gedanken habe ich?	Wie ist meine allgemeine Stimmung? Von 0 (= schlecht) bis 10 (= sehr gut)	Wie stark ist der Drang, mich selbst zu verletzen? Von 0 (= kein) bis 10 (= sehr stark)	Kommt es zu selbstverletzendem Verhalten?		Besteht Suizidgefahr? Von 0 (= keine) bis 10 (= sehr stark)	Kommt es zu anderen Risikoverhaltensweisen? Falls ja, welchen?
						Ja	Nein		
MI	06.00–12.00					☐	☐		
MI	12.00–18.00					☐	☐		
MI	18.00–06.00					☐	☐		
DO	06.00–12.00					☐	☐		
DO	12.00–18.00					☐	☐		
DO	18.00–06.00					☐	☐		
FR	06.00–12.00					☐	☐		
FR	12.00–18.00					☐	☐		
FR	18.00–06.00					☐	☐		
SA	06.00–12.00					☐	☐		
SA	12.00–18.00					☐	☐		
SA	18.00–06.00					☐	☐		
SO	06.00–12.00					☐	☐		
SO	12.00–18.00					☐	☐		
SO	18.00–06.00					☐	☐		

(In-Albon u.a, 2015, S. 49 ff. , in Anlehnung an In-Albon und Schmid 201

16